Exploradores

Animales salvajes

susaeta

Contenido

4 El universo de los animales

6 Depredadores de la selva

8 Depredadores

10 Herbívoros

12 La dieta herbívora

14 Hogar, dulce hogar

16 Hogares asombrosos

© Macmillan Children's Books
© SUSAETA EDICIONES, S. A.
C/ Campezo, 13 - 28022 Madrid
Tel.: 91 3009100 - Fax: 91 3009118

Texto: Jinny Johnson
Traducción: Fernando Valdés
Ilustraciones: Peter Bull Art Studio

Cualquier forma de reproducción o transformación de esta obra sólo puede ser realizada con la autorización del titular del copyright. Diríjase además a CEDRO (Centro Español de Derechos Reprográficos, www.cedro.org) si necesita fotocopiar o escanear algún fragmento de esta obra.

Créditos fotográficos

Agradecimientos:
(a= arriba, b= abajo, c= centro, d= derecha, i= izquierda):

Cubierta: Shutterstock/Vladimir Sazonov; páginas 4ci Frank Lane Picture Agency (FLPA)/Jurgen & Christine Sohns; 4b FLPA/Suzi Eszterhas/Minden; 4–5 Ardea/Rolf Kopfle; 5ai Nature Picture Library (NPL); 5ad Shutterstock/Rich Carey; 5cd NPL/David Kjaer; 6ai Shutterstock/Justin Black; 8ci Ardea/Rolf Kopfle; 8cd Photolibrary/Michael Fogden; 8bi Ardea/Stefan Meyers; 9a Photolibrary/Westend61; 9cd Shutterstock/Steve Byland; 9bi Ardea/Thomas Marent; 10bi FLPA/Nigel Cattlin; 12ad Ardea/Hans & Judy Beste; 12ci Ardea/D. Parer & E. Parer-Cook; 12bd NPL/Mike Potts; 13ac NPL/Peter Oxford; 13ad FLPA/Mitsuaki Iwago/Minden; 13b NPL/Nick Garbutt; 14ai Shutterstock/Chris Turner; 16ci Shutterstock/Darrell J. Rohl; 16b Photolibrary/Franco Banfi; 17ai Nicky Studdart; 17ad NPL; 17c FLPA/Konrad Wothe; 17bd Ardea/Jagdeep Rajput; 18ai Shutterstock/Torsten Lorenz; 20ai FLPA/Michael & Patricia Fogden; 20cd Photolibrary/A. & G. Reporter; 20ci Photolibrary/Tim Shepherd; 21ai NPL/Anup Shah; 21ad FLPA/Jurgen & Christine Sohns; 21b Photolibrary/Erwin & Peggy Bauer; 22bi Shutterstock/Neale Cousland; 24ci Ardea/Steve Hopkin; 24bi Photolibrary/Robert Oelman; 24–25 FLPA/Andrew Forsyth; 25ai Shutterstock/Eric Isselee; 25ad Seapics/Richard Herrmann; 25cd Photolibrary/Satoshi Kuribayashi; 25bi Corbis/DLILLC; 26bi Shutterstock/Lindsay Dean; 28ad NPL; 28ci Photolibrary/Daniel J. Cox; 28cd Photolibrary/Konrad Wothe; 29a Photolibrary/Alain Dragesco-Joffe; 29cd Kelvin Aitken/Image Quest Marine; 29ci Photolibrary/Michael Fogden; 29bd Photolibrary/Thorsten Milse; 30ai Shutterstock/Eric Isselee; 30cd Shutterstock/TTphoto; 31ca Shutterstock/Jerome Whittingham; 31ci Shutterstock/ostill; 31bd Shutterstock/Gentoo Multimedia.

18 La vida en familia

20 El cuidado de las crías

22 El peligro de la sabana

24 Ataque y defensa

26 ¡Supervivencia!

28 Condiciones extremas

30 Mucho por explorar

32 Índice

Elige tu propia aventura

¿Quieres hacer importantes e interesantes descubrimientos acerca de la vida de los animales salvajes? Sigue la ruta que te proponen los recuadros de colores que aparecen en las páginas de este libro para comenzar tu aventura. Cada color corresponde a una materia. Escoge uno y síguelo hasta el final del libro. ¡Adelante! ¿A qué estás esperando?

Por ejemplo, en la página 7 del libro encontrarás un recuadro naranja con el símbolo del planeta Tierra.

Página 22

Conservación

Estos símbolos aportan información sobre el modo de vida de los animales salvajes. Diríjete a la página que aparece en cada recuadro para continuar la gran aventura del saber que has emprendido. Elige los colores en función de la información que quieras obtener.

Récords

Hábitats

Plantas

Récords, hábitats y plantas son los otros tres temas. Elige tu propio recorrido y... ¡a disfrutar!

El universo de los animales

La vida para la mayor parte de los animales es una constante lucha por la supervivencia, pero todos encuentran sorprendentes maneras para obtener alimento, agua y refugio. Además, deben cuidar de sus crías y evitar a los depredadores y otros peligros.

El **camaleón** es una trampa viviente para los insectos. Proyecta su lengua, larga y pegajosa, para capturar insectos y tragárselos en una fracción de segundo.

Desplazarse en manada es mucho más seguro.

Guepardo con sus crías

Una madre **guepardo** debe cazar suficiente comida para alimentar a sus crías. Gracias a la velocidad que alcanza, superior a la mayoría de los animales, este felino es un excelente cazador.

El **pez león** posee unas púas afiladas y muy venenosas en la punta de algunas de sus aletas, que le protegen de sus depredadores.

Las mariposas se alimentan del polen de las flores.

Pez león en un arrecife

El pez león cuenta con 18 púas venenosas.

La madre introduce la comida en los picos de sus crías.

El **carricero** confecciona su nido con hierba, hojas, lana y tela de araña. Aquí incubará los huevos y cuidará de sus polluelos hasta que se valgan por sí mismos.

Las crías de guepardo deben aprender rápido a cazar.

1. Higueras, muy abundantes en la selva.
2. Monos colobinos
3. Ciervos sambar

¿Qué es esto?

Página 14

Depredadores de la selva

Muchos animales se alimentan de otros para sobrevivir. Tigres, leopardos y otros grandes felinos se cuentan entre los más grandes y letales depredadores. Cazan presas como el ciervo. Los restos de los animales que cazan les sirven a otros carnívoros como las hienas, que son carroñeras.

4 Tigre   5 Hienas rayadas   6 Leopardo   7

Un tigre acecha a una manada de ciervos sambar en la selva de la India. Los monos le han divisado y comienzan a gritar ansiosos. El ciervo se percata de la amenaza y se dispone a huir. Un leopardo contempla la escena desde lo alto de un árbol, pero carece de la fuerza del tigre y tendrá que esperar su turno.

Página 23

Página 22

¿Es el rostro de un tigre. Cada uno posee diferentes marcas en el manto. No hay dos iguales.

Depredadores

Cada grupo de animales tiene sus depredadores. Algunas aves, reptiles, peces e insectos cazan otros animales para alimentarse. Sus presas no son siempre de gran tamaño; por ejemplo, el oso hormiguero atrapa miles de hormigas y termitas con su lengua.

Águila calva

La comida favorita del **águila calva** es el pescado. Primero divisa desde lo alto su objetivo y luego se arroja a toda velocidad para atraparlo con las garras.

Los crótalos poseen un veneno mortífero.

Leones alimentándose de su presa.

El **león** es el único gran felino que vive en manada. Las leonas cazan en grupo siguiendo tácticas muy elaboradas. Esa estrecha colaboración les permite dar caza a presas tan grandes como el búfalo.

Tiburón martillo

El tiburón martillo caza otros peces y calamares.

El **tiburón martillo** posee una curiosa cabeza en forma de martillo, con un ojo a cada lado. Los científicos creen que esa peculiaridad les permite detectar mejor a sus presas.

Una mantis religiosa captura a una mariposa.

Tamandúa

La lengua del **tamandúa** mide 40 centímetros de largo y es muy pegajosa, por lo que resulta ideal para capturar hormigas y termitas. ¡Es capaz de ingerir 90.000 insectos diarios!

Herbívoros

Estos animales no son cazadores, pero pasan la mayor parte de su vida comiendo. Las plantas no son tan calóricas como la carne, por eso los herbívoros necesitan ingerir una gran cantidad de alimentos al día.

Página 30

Página 26

¿Qué es esto?

① Pica del Himalaya ② Tar del Himalaya ③ Oso pardo

? Son las alas de la mariposa luna de la India vistas de cerca. El dibujo, parecido a un ojo, confunde a los depredadores.

Las cabras azules, los picas y las perdices se alimentan de hierba y otras plantas que crecen en las laderas bajas del Himalaya. Un oso pardo trepa hasta lo alto de la colina en busca de alimento. Los osos se alimentan principalmente de vegetales, como hojas y bayas, aunque si están hambrientos, no dudan en matar a otros animales.

Página 18

4 Cabra azul del Himalaya

5 Perdices del Himalaya

6 Arbusto de rododendro en flor

La dieta herbívora

Diferentes animales herbívoros pueden convivir en un mismo hábitat siempre que se alimenten de cosas distintas o incluso de partes diferentes de la misma planta. Unos pueden comer hojas o brotes, mientras que otros, semillas o frutos.

Aunque los **murciélagos frugívoros** suelen ser más grandes, este pequeño ejemplar se alimenta del néctar y el polen de las flores mediante su lengua, mientras se mantiene sujeto a la planta con sus extremidades.

Iguana marina alimentándose de algas entre las rocas.

La iguana marina cuenta con unas afiladas y resistentes uñas que le permiten aferrarse a las rocas y no ser arrastrada por las corrientes.

Una langosta come su peso en vegetales cada día.

La **iguana marina** es el único lagarto que habita en el mar. Se alimenta de las algas que encuentra entre las rocas y las mastica con sus afilados dientes. Cuando no está comiendo, calienta su sangre tomando el sol sobre las rocas.

La colorida **guacamaya roja** posee uno de los picos de ave más potentes. Puede partir las cáscaras más duras con suma facilidad.

Guacamaya roja dando buena cuenta de un dátil.

Los brotes de bambú son la base alimenticia del panda gigante.

La nariz de un mono narigudo puede alcanzar los 17,5 centímetros de longitud.

Los **monos narigudos** viven en la selva y se alimentan principalmente de hojas del manglar, así como de ciertas frutas y semillas.

El manglar es un tipo de ecosistema compuesto por árboles muy resistentes a la salinidad, ya que se encuentran en zonas de confluencia de agua dulce y agua salada.

1. Castor cortando madera con una poderosa dentadura.
2. La ancha cola le ayuda a maniobrar en el agua.
3. La presa crea un remanso de agua en el río.

¿Qué es esto?

Página 18

Página 30

Página 30

Hogar, dulce hogar

Muchos animales construyen su propio hogar para protegerse de las inclemencias del tiempo y de los depredadores. Uno de los trabajos más complejos es el del castor, que aparte de su madriguera, fabrica una presa.

④ Entrada submarina a la madriguera del castor.

⑤ Castores en el interior de la madriguera

⑥ Las patas traseras palmeadas le ayudan a nadar rápido.

Esta familia de castores está trabajando. En la ribera del río, los castores adultos cortan troncos con sus afilados dientes, que añadirán a la madriguera o a la presa, o lo almacenarán para alimentarse en invierno. Mientras, las crías aguardan seguras en su madriguera.

¿ Es un avispero. Las avispas fabrican sus nidos con madera masticada y saliva.

Hogares asombrosos

Algunas aves son buenas constructoras y fabrican nidos donde protegen sus huevos y crían a sus polluelos. Otros animales, como los perritos de la pradera, tejones y conejos construyen sus madrigueras bajo tierra. ¡Algunas son una intrincada red de túneles!

Perrito de la pradera en la entrada de su hogar

Los **perros de la pradera** crean infinidad de túneles y cámaras subterráneas. Dentro de las madrigueras hay áreas especialmente dedicadas a la cría, al almacenamiento de comida, e incluso lugares que funcionan como letrinas.

El **cangrejo hermitaño** no fabrica su propio hogar. Como su caparazón es demasiado blando, toma prestada la concha vacía de otro molusco. ¡Encontrar una a su medida es de vital importancia!

El **tejedor** fabrica un sorprendente nido con hojas y briznas de hierba. Allí cuida de sus huevos y luego de sus crías. La entrada se encuentra en la parte inferior, lo que supone una dificultad añadida para los depredadores.

Tejedor

El nido del colibrí tiene forma de copa.

Toco de pico rojo junto a la entrada de su nido

El nido está compuesto de tallos, hierba y cortezas; todo queda unido con tela de araña.

El **toco de pico rojo** anida en el interior del tronco de un árbol. El macho ayuda a la hembra a cerrar la entrada con barro y luego introduce comida por un pequeño agujero, mientras la hembra permanece con sus crías en el interior.

Cangrejo hermitaño

Las **abejas** cuelgan sus nidos de los árboles. Dentro de la colmena, cada tipo de abeja (reinas, machos y obreras) tiene una labor diferente.

Nido de abejas

① Chacales acechando a su presa.
② Escorpión hembra llevando a sus crías a la espalda.
③ Gacela amamantando a su cría.

¿Qué es esto?

Página 10

Página 22

La vida en familia

Las suricatas son un tipo de mangosta. Como la mayoría de los mamíferos, cuidan y protegen a sus crías. La madre las amamanta y vela por ellas hasta que se puedan valer por sí mismas, mientras les enseña cómo conseguir alimento y evitar el peligro.

④ Suricatas centinelas vigilando el horizonte.

⑤ Suricata amamantando a sus crías.

⑥ Buitre volando mientras su cría permanece en tierra.

Las suricatas viven en grandes grupos familiares. Los que están de pie son los centinelas, que velan por la seguridad de los que buscan comida. Las crías juegan, son amamantadas por sus madres o aprenden cómo atrapar a un escorpión.

¿Son las patas delanteras de una suricata. Sus garras le permiten escavar bajo tierra en busca de comida y cobijo.

Una venenosa **rana dardo** hembra transporta uno por uno a sus recién nacidos renacuajos a una pequeña charca. ¡Su propia piscina privada!

Renacuajo transportado por su madre

Los patitos siguen a su madre para estar seguros.

Una tijereta cuida de sus huevos y alimenta a sus crías.

Los **bueyes almizcleros** rodean a sus crías cuando se aproxima un depredador. Las crías están seguras en el centro del grupo, dado que pocos depredadores atacarían a un buey adulto.

El cuidado de las crías

En cuanto nacen las crías, los padres deben encontrar la manera de protegerlas de los depredadores y otros peligros. Desde las tijeretas a los cocodrilos, todos los seres vivos se afanan en dar a sus crías la máxima protección hasta que éstas puedan valerse por sí mismas.

Una cría recién nacida de cocodrilo viaja en las fauces de su madre.

Las crías de **cocodrilo** nacen de huevos en tierra firme. La madre los transporta hasta una zona segura en el agua, donde los vigilará en todo momento.

Como la mayoría de los monos, los **gibones** amamantan a sus crías y permanecen con ellas durante varios años.

Una mamá gibón con su cría

Bueyes almizcleros en el Ártico

Cría de buey protegida en medio del grupo de adultos de grandes y curvados cuernos.

El peligro de la sabana

Multitud de animales herbívoros viven en la sabana africana. Deben tener mucho cuidado para evitar a los depredadores, y cada uno ha encontrado una manera de conseguirlo... o al menos de intentarlo.

Página 10

Página 14

¿Qué es esto?

1. Armadillo luciendo su resistente coraza de placas óseas.
2. Elefantes protegiendo a una cría.
3. Guepardo persiguiendo a una gacela.

? Son las rayas del manto de las cebras. Cuando corren en grupo, confunden a sus depredadores.

Las gacelas huyen a toda prisa perseguidas por el guepardo. Son también muy veloces, así que podrán escapar si le divisan a tiempo. Como la mayoría de los animales que pastan en la sabana, se mueven siempre en manada, para sentirse más seguras. Cerca de ahí, los elefantes protegen a su cría. Un elefante adulto es demasiado grande para cualquier depredador.

Página 27

4. Jirafas
5. Monos verdes trepando a los árboles.
6. Cebras

Ataque y defensa

Los animales cuentan con asombrosas armas para defenderse o cazar. Pueden morder, aguijonear o envenenar a sus enemigos. El escarabajo bombardero es capaz de disparar desde su abdomen líquido hirviendo.

Rinoceronte negro a la carga

Los **rinocerontes negros** suelen ser animales pacíficos, pero atacarán si se les molesta. La velocísima carga de un rinoceronte negro es un espectáculo terrorífico. Su cuerno frontal mide 50 centímetros de longitud.

La araña del banano posee un veneno letal.

Espinas de más de 30 centímetros de largo.

El cuerpo de la medusa es como un paraguas con grandes tentáculos en su interior.

Puercoespín

Una **medusa** puede parecer hermosa a simple vista, pero en sus tentáculos alberga unas membranas urticantes venenosas que pueden llegar a ser muy peligrosas, e incluso mortales.

La mayor parte del tiempo, las espinas de un **puercoespín** permanecen horizontales. Pero cuando algo lo alarma, se erizan y vibran. El ruido que producen advierte al enemigo del peligro que suponen. Si éste no se retira, el puercoespín carga contra él para clavarle las hirientes espinas.

Un escarabajo bombardero disparando a su agresor.

Mofeta en actitud de defensa

Orificio por el que sale disparado el líquido maloliente de la mofeta..

La **mofeta** es famosa por su mal olor. Cuando es acosada, espele un desagradable líquido maloliente, que también es irritante e incluso puede cegar temporalmente al atacante. Este hecho le ofrece a la mofeta la oportunidad de escapar.

¡Supervivencia!

Los seres vivos tratan de sobrevivir hasta en los lugares más fríos del planeta. Las focas y pingüinos mantienen el calor gracias a una capa de grasa corporal y a sus gruesas pieles o denso plumaje. Otras aves migran buscando siempre el verano.

Página 30

¿Qué es esto?

① Págalos robando huevos a los pingüinos.
② Elefante marino macho (izq.) y hembra (dcha.)
③ Leopardo marino cazando peces y pingüinos.

? Es la aleta dorsal de una orca. Son parientes de los delfines, aunque mucho más grandes y peligrosas.

Las pequeñas crías de pingüino emperador se dan su primer baño en estas frías aguas bajo la atenta mirada de sus padres. Dos elefantes marinos toman el sol sobre un témpano de hielo, mientras una veloz foca leopardo persigue un pez.

Página 14

④ Petreles blancos volando en la Antártida.

⑤ Crías de pingüino dándose su primer chapuzón.

⑥ El pingüino emperador protegiendo a sus crías.

Algunas **hormigas de la miel** albergan un rico manjar en su abdomen. Cuando la comida escasea, sus hermanas extraen de ellas el alimento.

Hormigas de la miel en el desierto

El **fénec** es el más pequeño de los zorros; posee unas orejas enormes que le permiten irradiar el exceso de calor al exterior y sobrevivir así en el desierto.

la mayoría de los **cocodrilos** vive en agua dulce, pero el cocodrilo poroso lo hace en el mar. Posee unas glándulas especiales que evitan que se le pegue la sal al cuerpo.

El cocodrilo marino o poroso es el mayor de su especie.

Los guanacos viven en lo alto de la cordillera de los Andes.

Condiciones extremas

Puede ser muy duro vivir junto a los polos, en el desierto, en las altas montañas o en el fondo del mar, pero estos lugares están habitados por multitud de animales. Todos han encontrado la manera de sobrevivir en condiciones extremas.

Sus orejas miden unos 15 centímetros de largo.

Zorro fénec

El **escarabajo del desierto** ha encontrado la mejor manera de conseguir agua. Cuando hay niebla, inclina su cabeza y el vapor se condensa en la espalda; entonces, el agua se desliza hasta su boca.

Escarabajo consiguiendo su ración de agua

El espinoso pez balón vive en el fondo del mar.

Este apéndice brillante le sirve como cebo para cazar.

Oso polar con sus crías

Las hembras de **oso polar** dan a luz en invierno en el interior de su madriguera; cuando llega la primavera, salen con sus crías al exterior.

Récords

Hiena rayada

Las **hienas** tienen unas de las mandíbulas más poderosas. Pueden romper huesos, dientes e incluso cráneos.

El elegante **guepardo** es el animal terrestre más rápido en distancias cortas. Puede alcanzar los 110 km/h, mucho más que cualquier corredor olímpico.

Plantas

Rododendro

Hermosos **arbustos** que crecen en las faldas del Himalaya. Se han popularizado mucho hoy en día en nuestros jardines.

El desierto es un lugar muy duro para las plantas. Para reducir la pérdida de agua, la **welwitschia** sólo tiene dos hojas largas y curvas. Otras plantas del desierto, como los cactus, tienen espina en lugar de hojas.

Hábitats

La **selva** es el hogar del mayor número de especies animales que habitan en la Tierra. En algunas selvas de la India, llueve todo el año, mientras que otras cuentan con una estación seca.

Coníferas

En las áreas septentrionales de fríos inviernos proliferan distintos tipos de bosques. Uno de ellos es el **bosque de coníferas,** que tiene árboles de hoja perenne.

Conservación

En los últimos cien años el número de **tigres** salvajes ha pasado de 100.000 a menos de 4.000 ejemplares. Para su supervivencia necesitan grandes reservas donde vivir tranquilos lejos del hombre.

Hace cuarenta años cientos de **elefantes** eran asesinados cada semana por sus colmillos. Actualmente, la venta de marfil está prohibida, pero como aún hay compradores, la masacre continúa.
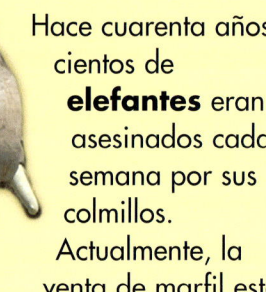

Mucho por explorar

El **charrán ártico** realiza uno de los mayores viajes migratorios. Cada otoño viaja a la Antártida y cada primavera regresa al norte, un viaje de unos 40.000 kilómetros.

Charrán ártico

Los **castores** son unos arquitectos excelentes. Sus presas pueden alterar la zona en la que se encuentren y alcanzar más de tres metros de altura. Una presa de castores en Canadá llegó a medir 850 metros de altura.

Sabana africana

La lluvia marca el ritmo de la vida en la **sabana.** Los herbívoros la siguen para alimentarse de las plantas que crecen, y éstos a su vez son vigilados muy de cerca por los carnívoros.

Las **secuoyas** crecen en climas muy lluviosos y son árboles impresionantes, pues pueden alcanzar más de cien metros de altura y vivir durante más de un siglo.

Los **desiertos** son los lugares más secos de la Tierra y tienen menos de 10 centímetros de lluvia al año. La mayoría son cálidos. El calentamiento global y el sobrepastoreo están convirtiendo cada vez más tierras en desierto y contribuyendo a que éste se extienda.

Desierto de Namibia

Muchos **animales alpinos** obtienen las ventajas que les proporcionan dos ecosistemas. Pasan el verano en la alta montaña, alimentándose de la hierba fresca y joven, y regresan en invierno a las laderas para evitar el rigor del frío.

Tar del Himalaya

El hermoso **tragopan** solía cazarse como alimento. Ahora está protegido, pero sigue en peligro porque su hábitat, los bosques naturales, están siendo deforestados.

El **ártico** está cambiando debido al calentamiento global. Cuando las bajas temperaturas se vuelven cálidas demasiado rápido, los animales de los polos no se acostumbran a estos cambios.

Índice

abejas 17
águilas 8
arañas 5, 24
armadillos 22
aves 5, 8, 10-11, 13, 16-17, 20, 26-27, 31

bueyes almizcleros 20-21

camaleones 4
cangrejos hermitaño 16-17
castores 14-15, 31
charrán ártico 31
cebras 23
ciervos 6
cocodrilos 20-21, 28
colibríes 17
comida 4-5, 6-7, 8-9, 10, 12-13, 15, 16-17, 18-19, 28
crías 4-5, 14-15, 16-17, 18-19, 20-21, 22-23, 26-27, 29
crótalos 8

defensas 5, 20-21, 22-23, 24-25
depredadores 4, 6-7, 8-9, 14, 17, 20, 23, 27

elefantes 22-23, 30
escarabajos 24-25, 29
escorpiones 18

focas 26-27

gacelas 22-23
gibones 21
guepardos 4-5, 23, 30

herbívoros 10-11, 12-13
hienas 6-7, 30
hogares 4, 14-15, 16-17
hormigas 9, 28
hormigueros 8

iguanas marinas 12

jirafas 22, 23

langostas 12
leones 8

mantis religiosas 9
mariposas 5
medusas 25
mofetas 25
monos 6, 13, 21, 23
murciélagos 12

nidos 5, 16-17

osos 10, 29

pandas 13
patos 20
peces 5, 9, 26-27, 29
perritos de la pradera 16
petreles blancos 27
pingüinos 26-27
puercoespines 25

ranas dardo 20
rinoceronte negro 24

serpientes 8
suricatas 18-19

tars 10, 31
tejedores 17
tiburones martillo 9
tigres 6-7, 30
tijeretas 20
toco de pico rojo 17

zorros fénec 28